LIVET, SOM DET TER SIG

Leif Robertsson

LIVET, SOM DET TER SIG

Omslag: Leif Robertsson
Förlag: BoD · Books on Demand, Östermalmstorg 1, 114 42 Stockholm, bod@bod.se
Tryck: Libri Plureos GmbH, Friedensallee 273, 22763 Hamburg, Tyskland

ISBN: 978-91-8097-007-5

I den svårmodiga skogen
bor en sjuk gud.
I den dunkla skogen äro blommorna så bleka
och fåglarna så skygga.
Varför är vinden full av varnande viskningar
och vägen mörk av dystra aningar?
I skuggan ligger den sjuke guden
och drömmer elaka drömmar...

Edit Södergran

*

Försöker skaffa lite
visdom
för mitt sinnes tröst,
mjuk som mångatans
gång över mörka
vatten.

Bland torghandlarna
söker jag frukten från
kunskapens träd.
Syrligt söt,
röd och sann.

Med sipprande
snålvatten
sjunger jag lärandets
lov.
Vetandet tynger
blott den som det
saknar.

*

Inbjudan gör mig
nervös.
Ålagille är inte min grej.
Försöker passa in.
Det går inte så bra.
Hade hellre stannat
vid vattnet.

En roddbåt klöv
vattenspegeln
med tysta åror.
Gösen blängde
surt i vassruggen
och vid strandkanten
satt ungdomar och
flörtade blygt.

Allt detta fick
jag inte se.
Ögat alldeles tomt.
Inga tårar. Bara
längtans tomma
blomma.

*

Hörde nyss från
oändligheten.
Laika lever inte
längre.
Borde kanske gå
en kurs eller
göra en tidsresa.

Heter det si eller så?
Så mycket
elände.
Så mycken
förstörelse.
Så mycket att göra.

En gåva från
ingenstans.
Varken papper
eller snören.
Sången låter som
något från de
övergivna.

Missljud från trasiga
apparater.
Minns inte
längre
månlandaren.

*

Spårar en längtan.
En längtan länge
längtad.
I generationer
faktiskt.
Kanske en dag
ett ögonblick blir
verkligt.
Överraskande
i en häpen gryning.
En aning, en glimt i
glittrande kostym.

Samtliga sinnen
ger sig tillkänna.
Känner, ser och hör
hur allt ständigt
stormar och hur
det smakar och
luktar av
jord och eld.

Som vi längtar.

*

Sparade i gamla
fläckade kuvert,
åldras utvalda
tankar, varsamt
utmejslade ur
medvetandet. Som.
Ekot av tystnaden
var det dyrbaraste
vi ärvde.

Mellan fingrarna
droppar små
bitar av våra liv
medan bilder av
våra hemligaste
tankar samlas
i små korgar av
finaste filigran.
Väl bevarade
utom räckhåll
för framtiden.

*

Över instrumentets
svarta ebenholts
kvittrar en övergiven
sparv vars vingar
inte längre bär
sin egen oro.
Ledsagad av sin
spröda skugga
möter han
sin spegelbild
med spelad glädje.

Tankeväckande brus
fyller tomrummet
efter fjäderdräktens
oväntade flykt.
Ett självlysande
skimmer dröjer
sig kvar under
återstoden av
dagen.
Millisekund efter
millisekund strävar

evigheten mot sin
ouppnåeliga fullbordan.

*

Övervuxen
av gamla minnen.
En svärm,
en levande massa.
En klump som kväver.
Det svåraste,
det nästan glömda
dyker upp
från många famnars djup.
Lösgör sig och häftar vid.
Ångerdammet
svärtar anletsdragen
och masken,
med den dunkla
blicken, bjuder
upp.

Bländad av den
blå blixten.
En tyst återklang
av barnets
ängslan.

De svärmar inte
längre. De varslar om
eld,
om dränkta
åkrar.
Stormar fram
över
skyddslös oskuld.
Ångestens lindebarn
flyter medströms.

*

I sken från
målardukens
tomma ansikte,
en myrtenkvist
på glödgat bord.
En överlevnadsstrategi
bakom slutna
jalusier.
Blodbrist, brödbrist,
iskyla.
Motivet uteblir.
Oljan tjocknar och
penslarna tappar
hår. Tomma
dukar läggs
på hög.
Nejdens prakt
krymper till ett
naket intet.
Friheter inskränks
i namn av
frihetens försvar.

Målar desperat
en ny vision i
vrede.
Trafiken tätnar
bakom limmad
aktivist.
Musikens vingar
lyfter.
Dricker hoppets
skål.
Kanske ...
Måste ...
Får ej falla.
Inte ...
Inte sjunka ner
i tvivelsträsket.

*

Köper en biljett
mot okänd ort.
När resan tar sin
början infinner sig
en lätt eufori,
en känsla som
vid god fiskelycka.
Förblindad av
utsikten.
Omtumlad och
naken inför
sanningssägarna.

Strövar genom
den omgjorda
stadsparken.
Nya springbrunnar.
Musikkåren rundar
voljären med dunkande
trummor och
råmande basuner.

Kakaduorna hukar
under nätmaskorna.
Mata ej djuren.
Bada inte i dammen.
Ät inte i bussen.
Somna inte bakom ratten.

I skymningen
landar kajorna i
esplanadens
trädkronor.
Tjattrande.
Medborgarna
släpar på matkassar
och hemarbete.
Fotbollsarenan
öde och tom.
Rapporter om
terror och
krig.

*

I Kristinehamn
och New York
flyger sparvhöken
på lätta vingar.
Heyerdahl åkte
vassbåt över
havet.

I höstmörkrets
saltmättade lätta bris
anas en längtan.
Åtrån efter havet
och skyarna.
Forsande, svischande.
Fallande och stigande
fram på okarterad flykt.

Målmedveten,
improviserad och
ogenomtänkt.
Med marschfart
genom livets
nöjespark.

*

Mellan nu och
nästa avsnitt.
Innan, efter och
just nu.

En mansålder i
den betydelselösa
oändligheten.
Endast haren
bryr sig.
Förstår värdet av
att lyssna.

I morgon återberättas
alla verserna,
de skrivna
såväl som
de endast tänkta.

I skildringen blandas
spåren av sorg med
sommarhimlens cirrusmoln.

*

Det där vi sällan ser,
det dolda, glömda.
Den nya tiden
drar åt
annat håll.

Varseblir
stundom något,
något svagt bekant.
Kapillärkraften
lyfter oron
upp till ögonhöjd.

Vi stannar upp.
Ser oss om.
Lyssnar efter svaga
andetag från det
som kallas livet.
Vi hör valarnas sång
om det sorgsna havet.
Genom det hysteriska
tivoliskriket

hör vi människornas
klagan.

Trycker handflatorna
över öronen och
sluter våra
ögonlock.

*

Snödrev över
de utelåsta
dystra dagarna.

Medan
nådens nyckel drömmer
om mjölk och ingefära
smälter isarna i kapp
med hästens halkande
hovar.
Medan
sista avsnittet
av första säsongen
rullar ut.

Historiens glödgade
inkråm hyser
den döda elden.
Under tiden
faller de
uttjänta akantusbladen.

*

Universums
expansion
vidgar gränsen
för dess
ändlighet. Så töjer tiden
livets spann.
Fjärilarna på Haga
minglar om
kaos i de dynamiska
systemen.
Det stormar i
Kashmar
där cypressens
flamma bränner
hål i
himlataket.

Ett kägelsnitt i
tiden söker flytta
gränsen för
det möjliga.
Världen, ett

system som
lever av sig
självt.
Vi kommer aldrig
leva ett värdigt
liv på Mars.

Zarathustra planterade
cypressen.

*

Terminaler och

stationer.

Signaler som

anklagar.

Anstalter och

institut.

Med självsvängande

dörrar.

Pendelrörelser.

Tunnelljuset

flimrar

och lockar.

Ut. Ut ur.

Ut i den

sena

eftermiddagslängtan.

Över morgonvattnet

dansar sjöröken,

där mitt väsen

färdas bi.

*

Knyter nävarna
i eftertankens
svarta hål.
I höstens
sandsten
färgas timglaset.
Vänder timme,
väntar vemod.
Olivblom över
kyrkogårdsmuren.
Alla de döda
barnen.

Undertecknade avtal
sprids för vinden.
Avarter österut
och i väst.
Möter alla dessa
bilder.
Den obehagliga
ögonfröjden lämnar
ingen ro.
Väktaren av

alla dofter söker
i minnet efter
rosenvatten och
medkänsla.

*

I feberyrans
svettiga
omloppsbana
darrar människan
som i trans.
Knoppningen
möts av ett
motstånd,
ett återhållet
mollackord.

Sen går tåget,
det grå tåget
som väntas
inkomma på
perrongen när
tiden sjunger
ballader.

Det är i
väntans tider
de vanligtvis lyfter.

Svävar likt

en dimma.

Betydelsebärande

små ting

samlas i vrårna.

Trädkronorna

avkröner sig

och mistlurarna

tutar.

När oktober går

mot motvillig

fullbordan,

byter tiden fot.

Ute fortgår

sökandet.

*

Spjutkastaren söker
sitt mål. Vill veta
var det tog.
Tuggar lojt
på en bruten
kvist medan
Cassiopeia
seglar mot
evigheten.

Framgångens
malört svider
i djupet.
Fjäderpennan
vibrerar av längtan
efter de oskrivna
bladen.

Skälver till
lite grann i
morgonmötet.

Mötet med
mandomen som
härjar i världen.

*

Lätt illamående
lade hon sitt
huvud tillrätta
på en mjuk
tuva av grönaste
mossa.
Tankar om allt
svårgripbart
som ständigt
rörde sig i
hennes värld
svärmade
även i denna
stund omkring
i hennes ömma
hjärnvindlingar.
En insikt landade
hos henne likt
vårens första
kålfjäril på
en ännu inte
utslagen krokus.
Svarta hål finns

inte enbart i

kosmos avlägsna

gömställen,

tänkte hon.

Alla människor

föds med två

små svarta hål

som slukar allt

ljus som riktas

mot dem.

Inget ljus slipper

heller ut därifrån.

Så snart det

passerat

händelsehorisonten

hamnar ljuset

i tankecentrum

där all insamlad

information skapar

den kreativa process

som är människan.

*

Det överflödiga
regnet
söver alla
fiskarna.
Den grå dimman,
en filt av bly.

I galaxen
skickas budskap med
ljusets finstilta
fonter.
En andhämtning
på vägen. En
dåres försvar.
Ursäkter samlas
på rad.

Ute ryker frömjölet
till slemhinnors
förtret.
Malmklangen stör
sömnen
och högerspöket

gör en piruett.
Saltet blir inte
saltare än så.

*

När nattens svärta
tynger svårt
vaknar långsamt
ljuset,
reser sig och
gryningsvandrar
mot en ny dag.
Medellös men
målmedveten
söker sig dagningen
mot skogens bryn,
letar sig in
mellan frusna
stammar.

Haren fastnar i
en spricka i ljuset.
En skugga bland
skuggor kastad.
Söker en mening
där ingen finns.
En rotvälta leder
stigen förbi sig.

De faller när vinden
är hård. Ljuset
finns där dock.
Ger hopp åt vårt
missmod.

Den lilla bäcken
väcks ur sin slummer,
rister lite grann
och sätter fart mot
havets breda famn.
Blandar sig med
andra friska
flöden.
Så fyller dagen
tidens läckande
kärl i trots mot
mänsklig dårskap.

*

Vi sover sött i
den märkliga
verkligheten
där världen
slits itu.
Vi våndas.
Vet inte
hur allt
ska bli.
Vi sover sött
och vägrar se
vad fel vi gör.
Någon annan
tänker vi.

*

Stämgaffeln vibrerar

i 440 Hz.

Flimmerhåren

svänger med

i samma a.

Tiden stillnar

och sparlågan

skälver.

I pyramidens spetsiga

skugga kurar kreaturen

och på Rigabukten

jagar vita segel

en krusning på ytan.

Fälten fylls av

fågelsång medan

förklenande tillmälen

hörs i den undre världen.

Hästspillningen ligger

kvar på promenaden

tills den blivit ett

med världsalltet.

Hit men inte längre
skriker skyltarna.
Mörtarna
och myrorna
leker kull med
herr kantarell.
Flugornas herre
bryr sig inte nämnvärt.
Modellen står i
kontrapost
och tänker på
livet, som det
ter sig.

*

Med blossande kinder
och stelnade leenden klättrar
mina minsta vänner
målmedvetet mot
toppen.
Medborgarna lyssnar slött
till den unge poetens svettiga
uppläsning om människornas
tillkortakommanden.
Karlavagnen stretar fram
på sin ändlösa bana medan
hypnotisören söver publiken.
Ett spektakel
tar form i luftslottet.

Varmt välkomna till
dagens dikt.
Ute blåser sommarvind.
Radioprataren, iklädd sitt
allra mest bländande
leende, tänker på
sin senaste investering.
Kaosteorin kastar sin skugga

över riksdagsarbetet
samtidigt som den kosmiska
bakgrundsstrålningen
fyller år.
Det bjuds på läckra hemkokta
teorier inslagna i meningslöst
småprat.

Innan någon vet ordet av
har klimatet levererat
en och en halv grader
och tv4 sista delen i en
hopplös kändistävling.
En bedövande grönska
pryder det nyss kala
grenverket.

Tisdagsmötena drar ut
på tiden och
slutförvaret har stora
utrymmesproblem
alltmedan parkeringsvakten
drar sitt strå till stacken.
Emellertid tycks allsången
aldrig påverkas
av omvärlden.

Myrorna på
marken, på hällebergets
hala silverblänk, bryds
knappast av utredarens
slutrapport. Halvt medvetslös levererar
den utarbetade utbäraren
av post en ny annonsbilaga.
I aulan framför gosskören en i
raden av alla lustmördade
versioner av "Bridge over
troubled water" medan
reaktorn bidrar med
ytterligare några
kilo utbränt bränsle.

Rektorn, å sin sida,
tvingas anmäla varje
elev som misstänks
utbilda sig otillbörligt.
Mil efter mil av djupa
skogar stryker tätt förbi
utanför kupéfönstret
samtidigt som girighet
startar krig i en annan del
av världen.
Den gulbruna hösten

faller mjukt till marken,

förmultnar till jordens

gagn och glädje.

*

Den gråtande
stiltjedagen
söker sina svar i
avslöjande och
inkännande omkväden.
Aldrig ensammare
ensamhet,
så rätvinklig spjutrak
som om aftonen.
Inombords, överkörd
och snarstucken,
begår den sömngångne
stigfinnaren ett slags
omärklig harakiri.

Sålunda talade
den mångkunnige
och mångalne
mystikern om sina
förmenta erfarenheter.
Om roddaren som bar sina
slitna åror på såriga axlar.
Som ett tortyrredskap.

Ett tidigt tecken på
vansinne.
Som om högre
makter spelar med
i inbillade charader.

Under det tyngande
blytäcket framkallas en,
sedan länge, bleknad
bild av fruktan.
Skräcken som kan
spåras i varje rö
och strå som viker sig
i vinden.
Söker styrka
i de lycksaliga
repriser som hörts
från början av
evigheten.

*

Bak den sjunde låsta
dörren dväljs redan
morgon, dag
och kväll.

Femte dörren
öppnar mot ljusets
stora rikedom.
Möter hennes kärlek.

När hon, som natten,
förenas med
de redan hädangångna
sänks borgen åter
ner i mörker.

Nyckeln som
öppnar hjärtats
port sprider
ljusets stämma
över världen.

*

Simmar i bråddjupt
vatten. Långsamma
jämna armtag. Som att
flyga högt i skyn fast i
vatten. Hundra meter
ner till fast mark.
Tappar fart och faller,
faller genom luft
eller vatten. Dör
vilket som.

Stakar fram genom
livet på lust och vilja.
Ömsom galet glid,
ömsom stock och sten.
Tappar småningom
styrförmågan och
faller. Faller.
Faller genom
ordlös sörja.

Finner mig kanske
aldrig mer.

*

Tankarna springer
i ospårad terräng.
Allt ekar om
tidens barbari.
Finns en ljusning
i dunklet?

Tidsandan tynger
obarmhärtigt
ner våra sköra själar
djupt i förtvivlans
kalla sköte.

En glipa öppnas så
i det grå och vi
tränger oss in
mot hoppet.
Måste försöka.
Måste finnas
ett liv att leva
för de ofödda.

*

Den uppmärksamme
läser mellan
raderna om
sår som läker
långsamt.
Budskapets
spänningspunkter
lämnar spår
som svider svårt.
Clownens ögon
gråter inte längre.
Inte ens när
ordens taggar
stinger djupt
i själen.

Ur bröstet
bryter gryning
fram, svärtad
av krevaders
stoftmoln.
En dag, en
natt flyr in i

glömskan.
Härjar där
och skapar
oförklarlig
ångest.

*

Silvriga serpentiner rinner
ner för molnens glatta
sidor och slukas snabbt
av jordens plöjda
gråskala. Tomma
hjärtan tar den
fjärrstyrda rulltrappan
upp till sista etaget för att
möta högsta lyckans
guru. När betalning erlagts
försvinner de besvärande
kramperna i tangentens
riktning. Dock blott
temporärt. Ett övergående
tillstånd av tjo och tjim i
lyckorusets sena timma.
Bakruset smyger sig på
när köpglädjen ebbat ut
och säljaren ber om ditt
betyg på betalningsprocessen.

*

Som ett självspelande
piano om morgonen ...
Natten hade varit
händelserik, mer så
än man kunnat
förvänta. Tankarna
spelade i alla stämmor.
Sjöng med många röster.
Som ett självspelande piano
från kväll till morgon.

Drömmarna hade
förenat mig med de
mest utsatta.
De förnedrade,
avhumaniserade,
avlivade. De våldtagna
och utkastade. Utlämnade.
Mardrömmarna lät mig
förstå lidandets
meningslöshet.

*

När morgonens dimmor
lättar söker sig de ljusskygga
mot sina unkna hålor.
Där väntar andra på rapport
från nattens tumult.
Vad har hänt vid fronten?
Hur många oskyldiga
har fått sätta livet till?
Hur mycket land och egendom
har man lagt i ruiner?
Har vi lemlästat,
ödelagt och sen förhärligat
vårt hämndbegär?

När morgonens dimmor
lättar vänder vi våra tomma
ögon åt annat håll.
Vägrar se det härjade
landet och de amputerade
föräldralösa barnen.
Tål ej höra vuxna
män och kvinnor
skrika ut sin bottenlösa

förtvivlan över sina
söndertrasade avkommor.
Vi har ju bara
försvarat oss.

När morgonens dimmor
lättar tackar vi våra
allierade som tyst ser på
eller vänder blicken inåt
i sin fega vägran att
försvara mänskliga
rättigheter. Vi tar tacksamt
emot nya vapensystem,
ännu varma direkt
från fabrikerna, som
genererar feta vinster
åt aktieägare långt borta.
Män med girigt
framsträckta händer ur
stärkta vita manschetter
utan minsta krutstänk.

*

Isfågel över fruset hav.

Vemodiga röster

hörs

från spröda

svalg.

Isfågel sjunger

i flykten.

Vinterstormen sveper

över det kala

frusna.

Skorstensröken

tvekar och tystnar.

Lägger sig

i dvala.

Under takåsarna

pyr en längtan.

En förhoppning.

Vemodet

fortplantar sig

över kontinenterna.
Utdragna skrin
från skrämda
ungfåglar.
Vingslagen dånar
över det förödda
landskapet.
Jetströmmen skriver
med fjäderpenna om
jordens tillstånd.
Flödar flyhänt
genom atmosfären.

I blodomloppet
forsar känslor,
frostnupna aningar
om framtiden.
Hjärtat känner
Isfågels flykt.
Följer vingspåren
mot slutet.

*

De uteblivna samtalen.
De introverta anletsdragen.
Överstökade nödvändigheter.
Var var du i din dröm
i natt?
Innerlig önskan att få
höra dina innersta
tankar inslagna
i prassligt cellofan
som leder dem mot
en slags fullbordan.

Minnesleken rullar
vidare över kullvräkt
självkänsla.
Infångad hemsökelse.
Magknip och migrän.
En promenad på
drömmens irrvägar
kan lindra.
Eller ett besök
av vingars sus.

Överser med alla
övertramp.
Du har visst en
riktigt fin utsikt,
har jag hört.
Ser ända till
den röda
horisonten.
Ögonen tåras
och misstron
växer vid varje
missad avfart.
Träden fäller
sina sanningar.

Verkstäder susar
över himlavalvet.
Det går säkert att
reparera förstörda
löften.
Ett intuitivt gränssnitt
kanske välter
allt på rätt köl
igen.

Havet häver sig
över alla hjärtan.

Salt och stärkt
driver dagen
mot den där
horisonten.
Viljans frihet
väjer inte för
vinterstormar.
Viskar, önskar,
älskar.

*

I eftertankens
mörka skrubb
ligger tankegodset
huller om buller,
som gammalt arvegods
och travar med tidskrifter.
Skräp som borde
slängts för längesen.

Bland mestadels
dammiga minnesbilder
gömmer sig en och annan
skarpsinnig fundering,
sedan länge glömd.
Gräver man tillräckligt
djupt i röran
kan man till och med
finna enstaka briljanta
men bleknade idéer
under någon halvtänkt
tankebråte.

Borde röja och

slänga. Bara
behålla det som
tål att tänka på
igen.

*

Snön knarrar
under skorna och
skogen lyssnar
gryningsvit.

Med lite tur så …

Borde gå hem nu.
Ta hand om själen
och matsilvret.

En förlupen tanke.
En sömnlös natt.

Mot det brutala stupet.
Avbruten
i sista stund.
Vart tog den vägen?

In i det grå
gryningstöcknet.

Tanken.

*

Som en otyglad
eldstorm sveper
den blå ryttaren fram
i evig otid.
Tiden lever
utan början och slut
i ett oupphörligt nu.

En ändlös
bro förbinder
här med där
i alla riktningar
över milsvida ljusår.
Gränslöst rum.
Ett oändligt här.

Varat är
här och nu och
ständigt på väg mot
tidens onåbara ände.

Orimligheten är
obeveklig.

*

Inledningsvis vill jag
fråga hur avigsidan
ter sig, hur andra sidan
presenterar
sina företräden.
Är den lika inbjudande
som hitsidan, lika fin,
förförisk och förnäm?
Kan det tänkas att
där döljer sig samma
lockelse som vi serveras
av den sida
vi lärt oss kalla fram.
Utan insikt om dess
dolda kvalitéer
famlar vi i blindo.

*

Svärtade flimrande
bilder.
Brända broar
tynar bort
i fjärran.
Dimslöjornas reningsbad
för det tidigt
solkade.

Outtröttliga strävar vi
mot det som nalkas
alltför raskt.
Förstår ej båtnad
av att stilla oss.

*

Orden,

de som berättar

om hur det var.

De talade orden

och de skrivna.

De som skapar

livet.

Så, de dyrbara orden.

De som väntar

att få öppna

ett samtal.

Ord som svävar i

tomma intet.

Maler på

i grå vargtimmen.

Meningslösa.

Avgrunden öppnar

sitt blodröda gap

och vi skriker
i förtvivlan
vårt budskap.
En dag kanske
någon hör.

*

Inte går det att

förstå

att jag …

att du …

Vi går en

dagsländepromenad

i soldränkt samspråk.

Blomster och

linneservetter firar

att motsatsparet

hittat sina vattenspeglar.

Kostar ej sjunka djupt

i själens spegel innan

linsen grumlas.

Sveper med vingen

över vinet och dina

gröna silverfingrar.

Står upp i ottan

och planterar dagen
bokskogsgrön.

*

Ett nytt liv.
Alla förväntningar.
Det går så fort.
Som när snön var ny,
den som nu är borta.